学校 - sakola	2
旅行 - lalampahan	5
交通运输 - transportasi	8
城市 - kota	10
地形 - pamandangan	14
餐馆 - restoran	17
超市 - supermarkét	20
饮料 - inuman	22
食物 - dahareun	23
农场 - pertanian	27
房子 - imah	31
客厅 - rohang tamu	33
厨房 - dapur	35
浴室 - kamar ibak	38
儿童房 - kamar budak	42
衣服 - acuk	44
办公室 - kantor	49
经济 - ékonomi	51
职业 - pagawéan	53
工具 - alat	56
乐器 - alat musik	57
动物园 - kebon binatang	59
体育 - olahraga	62
活动 - aktivitas	63
家 - kulawarga	67
身体 - awak	68
医院 - rumah sakit	72
紧急情况 - darurat	76
地球 - Bumi	77
钟表 - jam	79
周 - minggu	80
年 - taun	81
形状 - bentuk	83
颜色 - warna-warna	84
反义词 - sabalikna	85
数字 - angka-angka	88
语言 - basa-basa	90
谁/什么/怎样 - saha / naon / kumaha	91
方位 - di mana	92

Impressum
Verlag: BABADADA GmbH, Nedderfeld 112 , 22529 Hamburg
Geschäftsführer / Verlagsleitung: Harald Hof
Druck: Books on Demand GmbH, In de Tarpen 42, 22848 Norderstedt

Imprint
Publisher: BABADADA GmbH, Nedderfeld 112 , 22529 Hamburg, Germany
Managing Director / Publishing direction: Harald Hof
Print: Books on Demand GmbH, In de Tarpen 42, 22848 Norderstedt

学校
sakola

- 除 bagi
- 黑板 papan
- 教室 rohang kelas
- 校园 pakarangan sakola
- 老师 guru
- 纸 kertas
- 书写 nyerat / nulis
- 钢笔 kalam
- 办公桌 méja gawé
- 直尺 jidar
- 书 buku
- 学生 murit

书包
tas sakola

铅笔盒
wadah potlot

铅笔
potlot

卷笔刀
rautan potlot

橡皮擦
pamupus

画板
kertas gambar

图画
gambar

画笔
kuas cét

颜料盒
kotak cét

剪刀
gunting

胶水
lém

练习册
buku latihan

家庭作业
péér

12

数字
angka

2+2

加
nambahkeun

5-2

减
kurang

2×2

乘
kali

计算
ngitung

字母
surat

ABCDEFG
HIJKLMN
OPQRSTU
VWXYZ

字母表
alpabét

hello

字
kecap

学校 - sakola

3

课文
téks

读
maca

粉笔
kapur

上课
palajaran

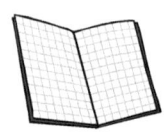
登记
daftar

考试
ujian

证书
sértipikat

校服
saragam sakola

教育
atikan

百科全书
énsiklopédi

大学
univérsitas

显微镜
mikroskop

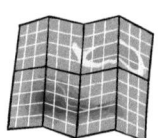
地图
peta

废纸筐
wadah runtah

学校 - sakola

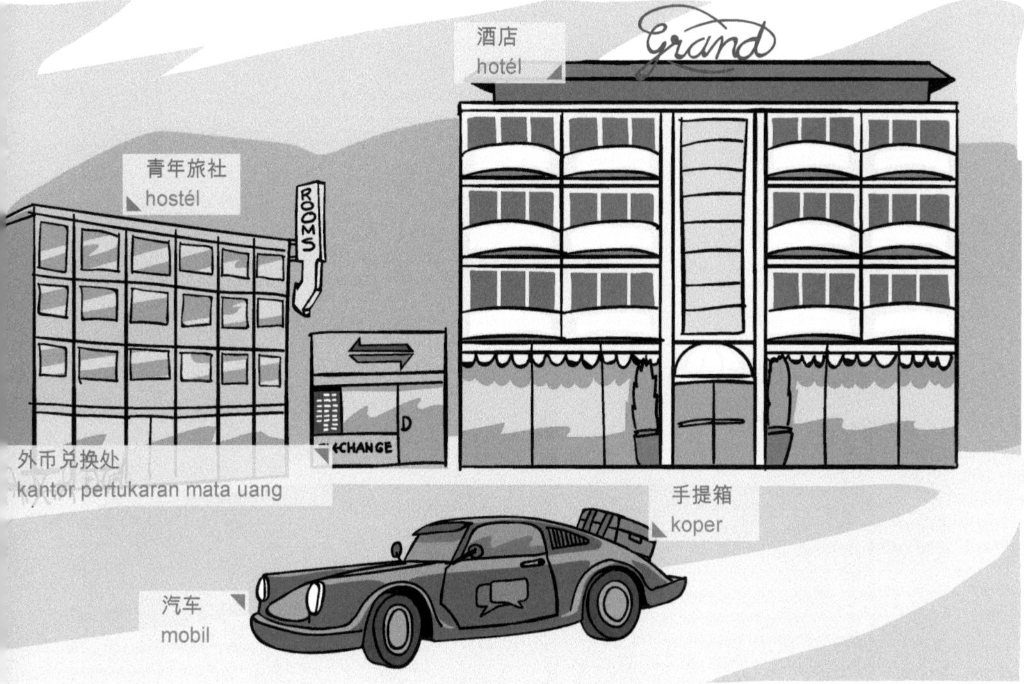

旅行
lalampahan

酒店 hotél

青年旅社 hostél

外币兑换处
kantor pertukaran mata uang

手提箱 koper

汽车 mobil

语言
basa

是/否
muhun / henteu

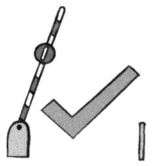

好的
oké

您好
hei

翻译员
panarjamah

谢谢
hatur nuhun

旅行 - lalampahan

......多少钱？
sabaraha hargana...?

我不明白
abdi teu ngartos

问题
masalah

晚上好！
Wilujeng wengi!

早上好！
Wilujeng siang!

晚安！
Wilujeng wengi!

再见
mugi patepang deui

方向
arah

行李
bagasi

包
kantong

双肩包
ransel

客人
tamu

房间
rohang

睡袋
kantong saré

帐篷
tenda

旅游信息
informasi wisata

海滩
pantai

信用卡
kartu krédit

早餐
sarapan

午餐
dahar beurang

晚餐
dahar peuting

票
tikét

电梯
lift

邮票
perangko

边界
wates

海关
cukai

大使馆
kedutaan

签证
visa

护照
paspor

旅行 - lalampahan

交通运输
transportasi

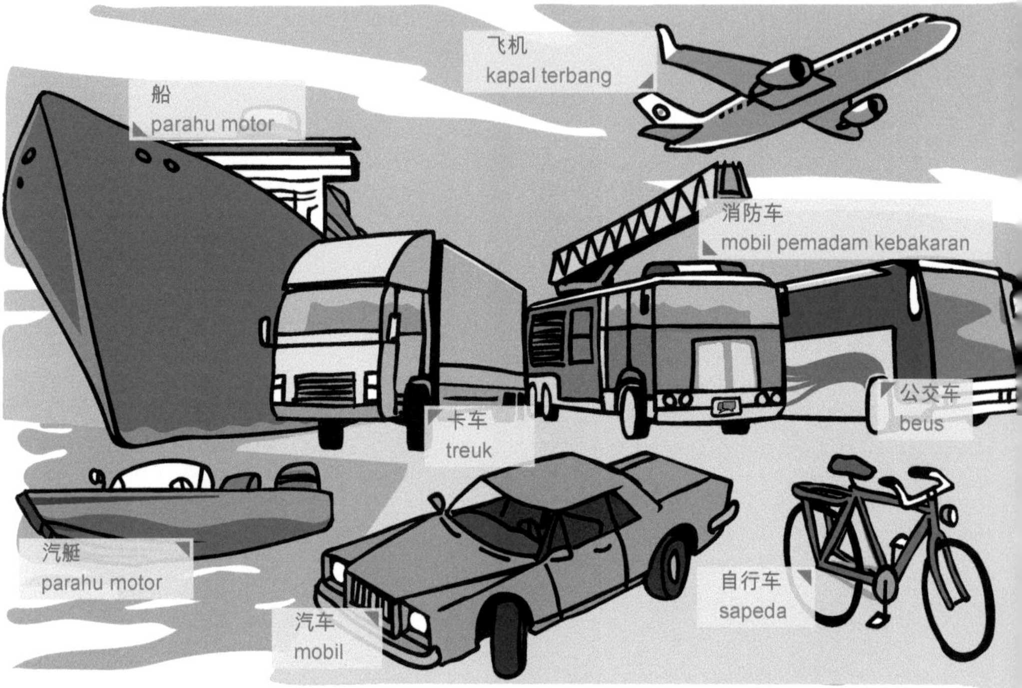

飞机 — kapal terbang
船 — parahu motor
消防车 — mobil pemadam kebakaran
卡车 — treuk
公交车 — beus
汽艇 — parahu motor
汽车 — mobil
自行车 — sapeda

摆渡船
kapal féri

小船
parahu

摩托车
sapeda motor

警车
mobil pulisi

赛车
mobil balap

租车
mobil nyéwa

 拼车 mobil babarengan	 拖车 treuk dérék	 垃圾车 treuk runtah
 发动机 motor	 汽油 bahan bakar	 加油站 bénsin
 交通标志 tanda lalulintas	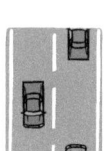 交通 lalulintas	 交通堵塞 macét
 停车场 parkir mobil	 火车站 stasiun karéta	 轨道 trék
 火车 karéta api	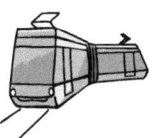 电车 tram	 货车 garobag

直升机
hélikopter

机场
bandara

塔
munara

乘客
panumpang

集装箱
konténer

纸板箱
karton

手推车
troli

篮子
karanjang

起飞/降落
terbang / landas

城市
kota

村庄
kampung

市中心
tengah kota

房子
imah

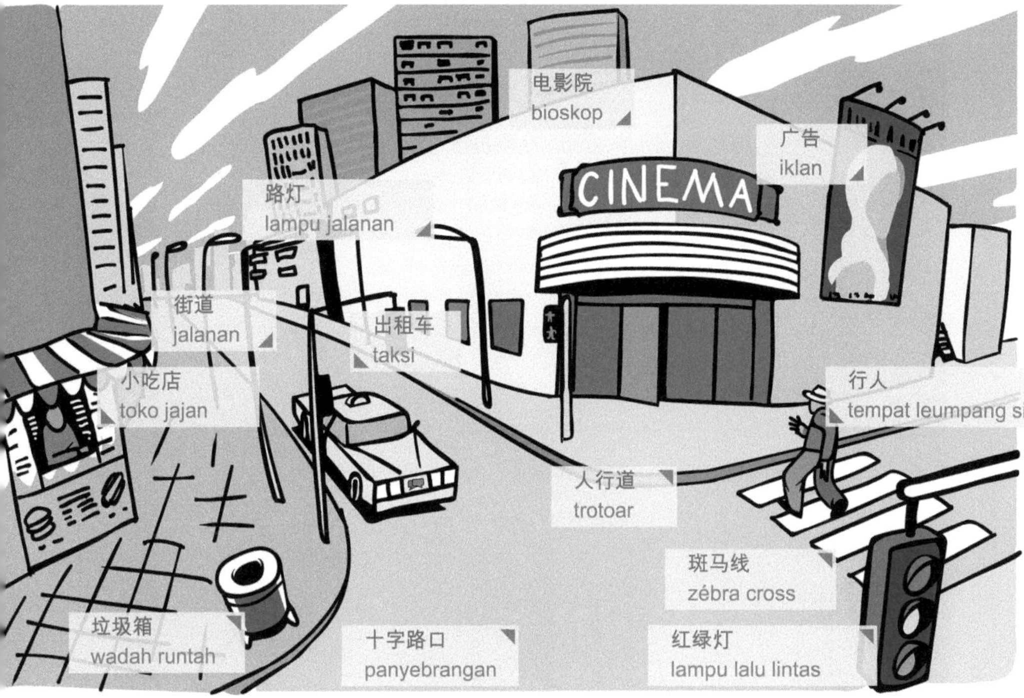

电影院
bioskop
广告
iklan
CINEMA
路灯
lampu jalanan
街道
jalanan
出租车
taksi
小吃店
toko jajan
行人
tempat leumpang sis
人行道
trotoar
斑马线
zébra cross
垃圾箱
wadah runtah
十字路口
panyebrangan
红绿灯
lampu lalu lintas

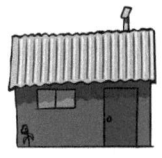

小屋

gubuk

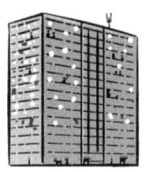

公寓

imah flat

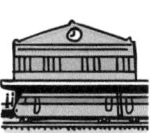

火车站

stasiun karéta

市政厅

balai kota

MUSEUM

博物馆

museum

学校

sakola

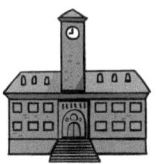

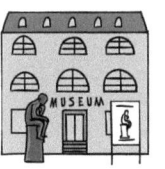

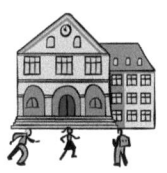

大学
univérsitas

银行
bank

医院
rumah sakit

酒店
hotél

药房
farmasi

办公室
kantor

书店
toko buku

商店
toko

花店
toko kembang

超市
supermarkét

市场
pasar

百货商店
swalayan

鱼店
nalayan

购物中心
pusat balanja

海港
palabuan

城市 - kota

公园
kebon

长凳
korsi

桥
sasak

楼梯
tangga

地铁
kareta bawah tanah

隧道
torowongan

公交车站
halte beus

酒吧
bar

餐馆
restoran

邮筒
kotak surat

路标
tanda jalan

停车计时器
meteran parkir

动物园
kebon binatang

游泳馆
kolam renang

清真寺
masigit

城市 - kota

农场
pertanian

污染
polusi

墓地
kuburan

教堂
gareja

操场
tempat ulin

寺庙
pura

地形
pamandangan

- 树叶 / daun
- 指示牌 / panunjuk arah
- 路 / jalanan
- 草地 / ladang jukut
- 石头 / batu
- 树 / tangkal
- 徒步旅行者 / tukang leumpang
- 河 / susukan
- 草 / jukut
- 花 / kembang

 峡谷 lengkob	 山 bukit	 湖 tasik
 森林 leuweung	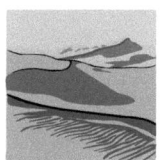 沙漠 gurun	 火山 gunung marapi
 城堡 karaton	 彩虹 katumbiri	 蘑菇 suung
 棕榈树 tangkal palem	 蚊子 reungit	 苍蝇 laleur
 蚂蚁 sireum	 蜜蜂 nyiruan	 蜘蛛 lamat lancah

地形 - pamandangan

甲虫
nyiruan

青蛙
bangkong

松鼠
bajing

刺猬
landak

野兔
kalinci

猫头鹰
bueuk

鸟
manuk

天鹅
soang

野猪
bagong

鹿
kijang

麋鹿
kijang

水坝
bendungan

风力发电机
turbin angin

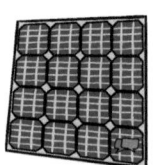
太阳能电池板
panél surya

气候
iklim

地形 - pamandangan

餐馆
restoran

服务员 badega	菜单 menu	椅子 korsi
披萨饼 pitsa	汤 sop	餐具 parkakas dahar
桌布 taplak		

前菜
hidangan pembuka

主菜
hidapan utama

甜点
hidangan penutup

饮料
inuman

食物
dahareun

瓶子
botol

餐馆 - restoran   17

快餐
dahareun cepat saji

街边小吃
jajanan sisi jalan

茶壶
téko téh

糖盒
wadah gula

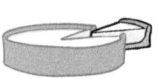

一份饭菜
porsi

意式咖啡机
mesin éspréso

高脚椅
korsi jangkung

账单
tagihan

托盘
baki

刀
péso

餐叉
garpu

勺子
séndok

茶匙
séndok téh

餐巾
serbét

玻璃杯
gelas

餐馆 - restoran

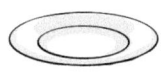
碟子
piring

汤盘
mangkok sop

碟子
pisin

酱
saos

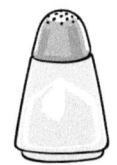
盐瓶
wadah uyah

胡椒磨
panggiling pedes

醋
cuka

食用油
minyak

调味料
bumbu

番茄酱
saos tomat

芥末
mustard

蛋黄酱
mayonés

超市

supermarkét

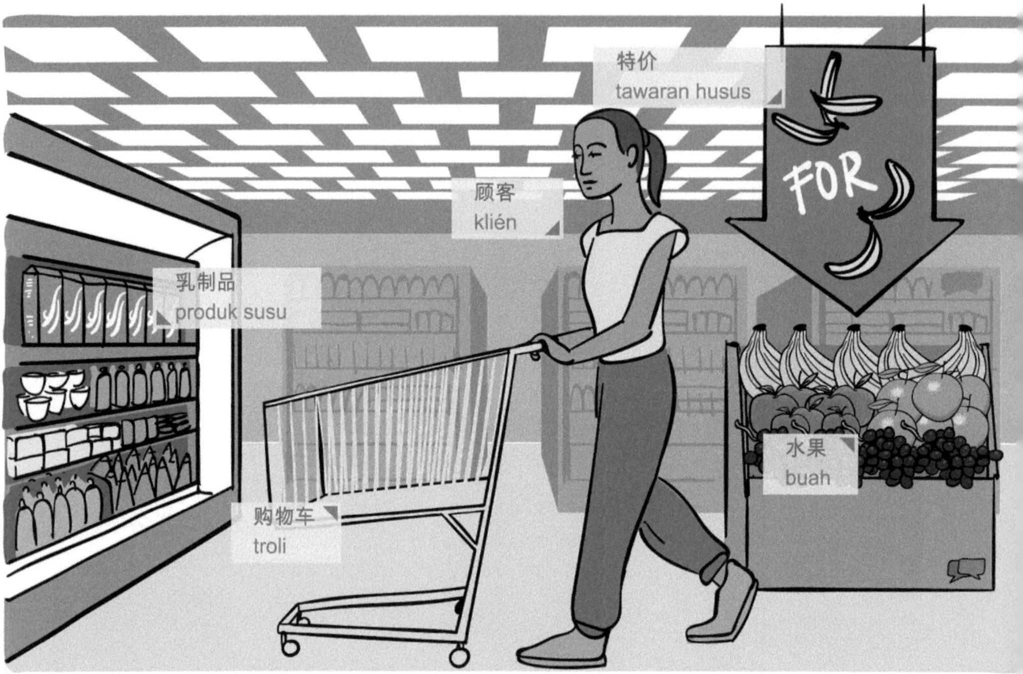

特价
tawaran husus
FOR
顾客
klién
乳制品
produk susu
水果
buah
购物车
troli

BUTCHERS

肉铺

tukang meuncit

BAKERY

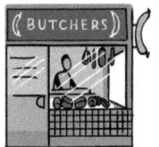

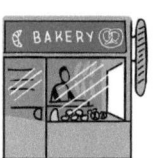

面包房

toko roti

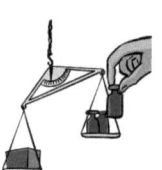

称重

nimbang

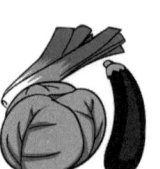

蔬菜

sayur

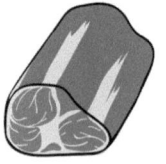

肉

daging

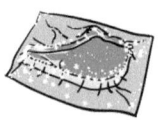

冷冻食品

tuangeun beku

冷盘
alat potong daging

罐头食品
dahareun kaléng

洗衣粉
sabun serbuk

甜食
permén

日用品
perkakas rumah tangga

清洁用品
produk pembersih

销售员
tukang jualan

收银机
kasa

收银员
kasir

购物清单
daftar balanja

开放时间
jam buka

钱包
dompét

信用卡
kartu krédit

袋子
kantong

塑料袋
kantong palastik

超市 - supermarkét

21

饮料
inuman

水
cai

果汁
jus

牛奶
susu

可乐
kola

红酒
anggur

啤酒
arak

酒
arak

可可
coklat

茶
téh

咖啡
kopi

意式浓缩咖啡
éspréso

卡布奇诺
kapucino

食物
dahareun

香蕉
pisang

苹果
apel

橙子
jeruk

西瓜
samangka

柠檬
lémon

胡萝卜
wortel

大蒜
bawang bodas

竹子
awi

洋葱
bawang bombai

蘑菇
suung

坚果
suuk

面条
emih

意大利面条
spagéti

米饭
sangu

沙拉
salat

薯条
kentang goréng

炸土豆
kentang goréng

披萨饼
pitsa

汉堡包
hamburger

三明治
roti lapis

炸猪排
sakeureut daging

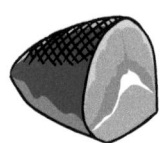
火腿
ham

萨拉米
salami

香肠
sosis

鸡肉
hayam

烤肉
ngagoreng

鱼
lauk

燕麦片
bubur gandum

穆兹利
séréal

玉米片
cornflakes

面粉
tarigu

羊角面包
croissant

面包卷
roti

面包
roti

烤面包
roti panggang

饼干
biskuit

黄油
mantéga

凝乳
dadih

蛋糕
kuéh

蛋
endog

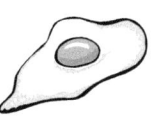

煎蛋
goréng endog

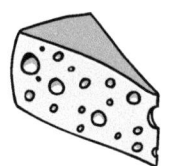

奶酪
keju

食物 - dahareun

冰激凌 eskrim	糖 gula	蜂蜜 madu

果酱 selé	巧克力酱 krim coklat	咖喱饭 karé

农场
pertanian

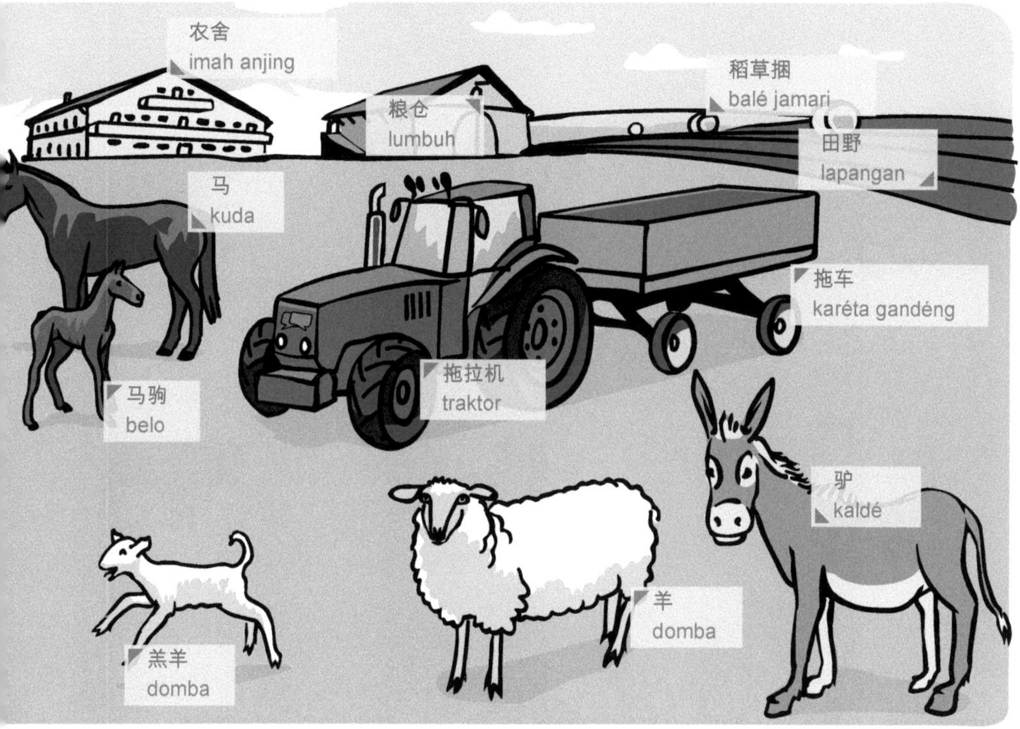

农舍 imah anjing
粮仓 lumbuh
稻草捆 balé jamari
田野 lapangan
马 kuda
拖车 karéta gandéng
马驹 belo
拖拉机 traktor
驴 kaldé
羔羊 domba
羊 domba

山羊
embé

奶牛
sapi

牛犊
bitis

猪
bagong

小猪
babi

公牛
banténg

鹅
soang

鸭
éntog

小鸡
pitik

母鸡
hayam

公鸡
hayam jago

鼠
beurit

猫
ucing

老鼠
beurit

牛
sapi

狗
anjing

狗屋
imah anjing

花园浇水软管
selang

洒水壶
kaléng nyiram

长柄大镰刀
arit panjang

犁
ngabajak

 镰刀 arit	 锄头 pacul	 长柄草耙 garpuh jukut
 斧头 kapak	 独轮手推车 gorobah	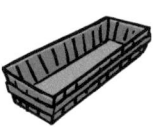 饲料槽 palung
 牛奶罐 kaléng susu	 麻布袋 karung	 栅栏 pager
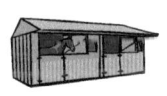 马厩 kandang	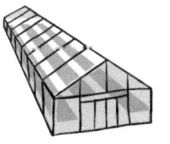 温室 imah kaca	 土壤 taneuh
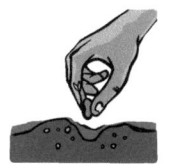 种子 benih	 肥料 pupuk	 联合收割机 mesin permén

农场 - pertanian

收割
panén

收割
panén

山药
yams

小麦
gandum

大豆
kedelé

土豆
kentang

玉米
jagong

油菜籽
lobak

果树
tangkal buah

树薯
sampeu

谷物
séréal

农场 - pertanian

房子
imah

- 烟囱 serebung
- 屋顶 hateup
- 落水管 pipa talang
- 窗户 jandéla
- 车库 garasi
- 门铃 bél panto
- 门 panto
- 垃圾桶 runtah
- 信箱 kotak surat
- 花园 kebon

客厅
rohang tamu

浴室
kamar ibak

厨房
dapur

卧室
pangkéng

儿童房
kamar budak

餐厅
kamar makan

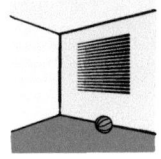 地板 téhel	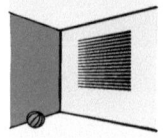 墙壁 tembok	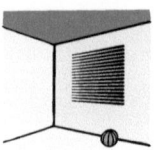 吊顶 hateup
 地窖 gudang di handap imah	 桑拿 sauna	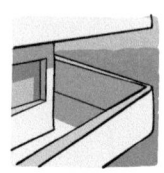 阳台 balkon
 露台 tepas	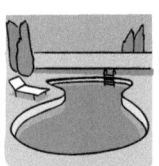 游泳池 kolam renang	 割草机 mesin pamotong jukut
被单 sepré	 床罩 simbut	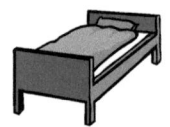 床 ranjang
 扫帚 sapu	 水桶 émbér	 开关 tombol

客厅
rohang tamu

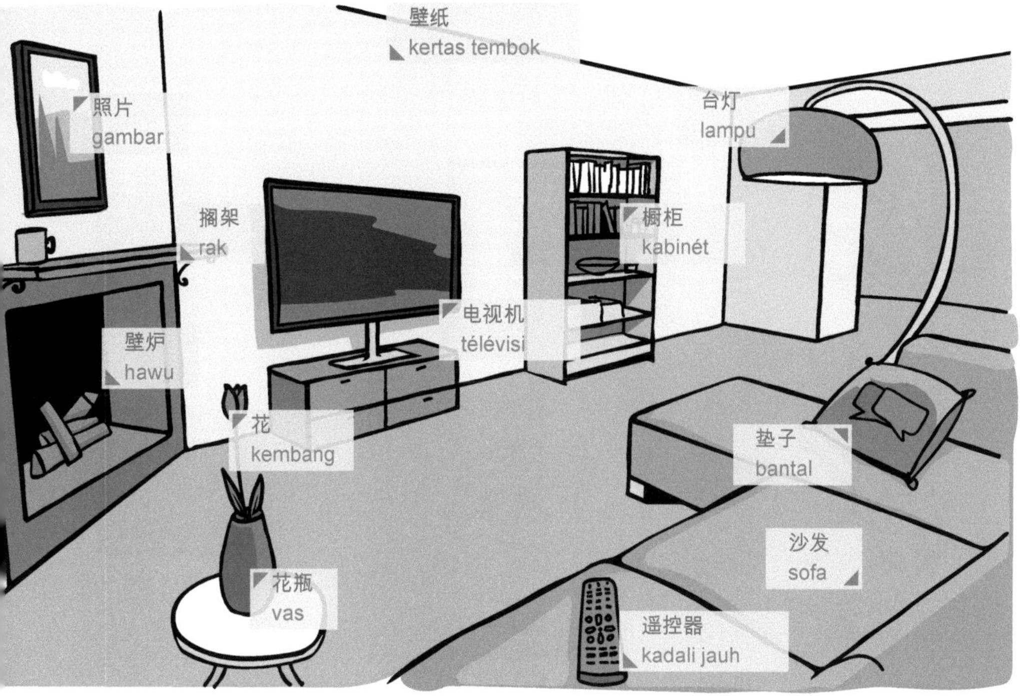

- 壁纸 / kertas tembok
- 照片 / gambar
- 台灯 / lampu
- 搁架 / rak
- 橱柜 / kabinét
- 壁炉 / hawu
- 电视机 / télévisi
- 花 / kembang
- 垫子 / bantal
- 沙发 / sofa
- 花瓶 / vas
- 遥控器 / kadali jauh

地毯
karpét

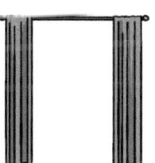

窗帘
hordéng

餐桌
meja

椅子
korsi

摇椅
korsi goyang

扶手椅
korsi malas

书
buku

毯子
simbut

装饰品
dékorasi

木柴
suluh

电影
pilem

高保真音响
hi-fi

钥匙
konci

报纸
surat kabar

油画
lukisan

海报
poster

收音机
radio

笔记本
buku tulis

吸尘器
panyedot kebul

仙人掌
kaktus

蜡烛
lilin

客厅 - rohang tamu

厨房
dapur

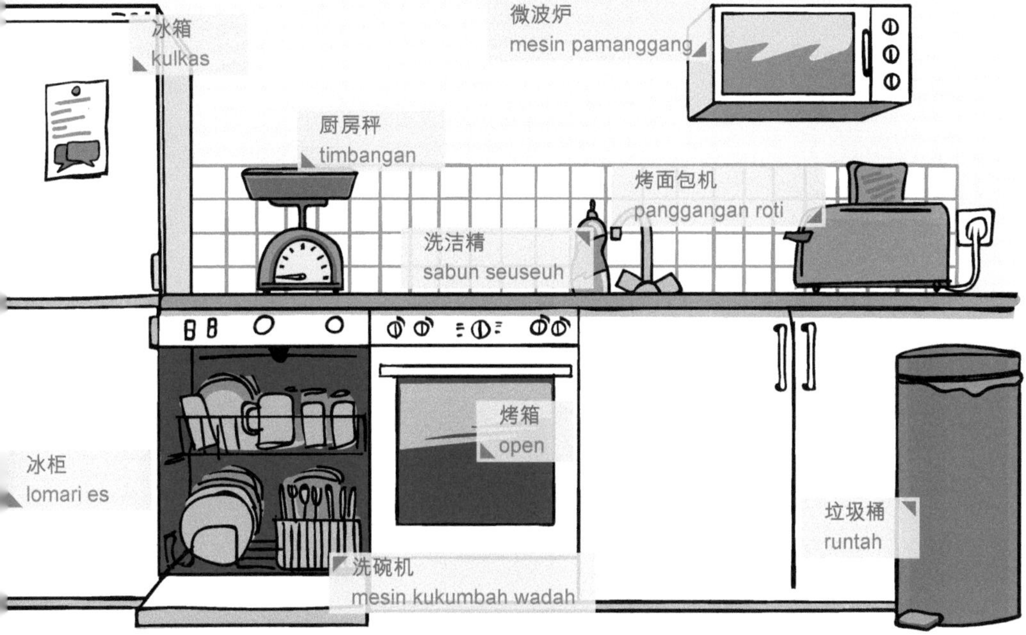

冰箱 — kulkas

微波炉 — mesin pamanggang

厨房秤 — timbangan

烤面包机 — panggangan roti

洗洁精 — sabun seuseuh

烤箱 — open

冰柜 — lomari es

洗碗机 — mesin kukumbah wadah

垃圾桶 — runtah

炊具

kompor

锅

panci

铸铁锅

panci beusi

炒锅

katél

平底锅

panci

水壶

citél

厨房 - dapur

蒸锅
langseng

烤盘
baki

陶瓷锅
piring

马克杯
cangkir

碗
mangkok

筷子
sumpit

长柄勺
sendok sop

铲子
sérok

搅拌器
pangocok

滤网
ayakan

筛子
saringan

磨碎机
parutan

研钵
mortar

烧烤
daging bakar

明火
suluh

厨房 - dapur

菜板
papan pamotong

擀面杖
gilingan

开瓶器
alat pambuka tutup botol

罐子
kaléng

开罐器
pambuka kaléng

隔热手套
gagang panci

水槽
tilelep

刷子
sikat

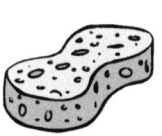
海绵
busa

搅拌机
blénder

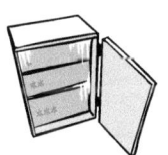
冷藏箱
lomari es

奶瓶
botol orok

水龙头
keran

厨房 - dapur

浴室
kamar ibak

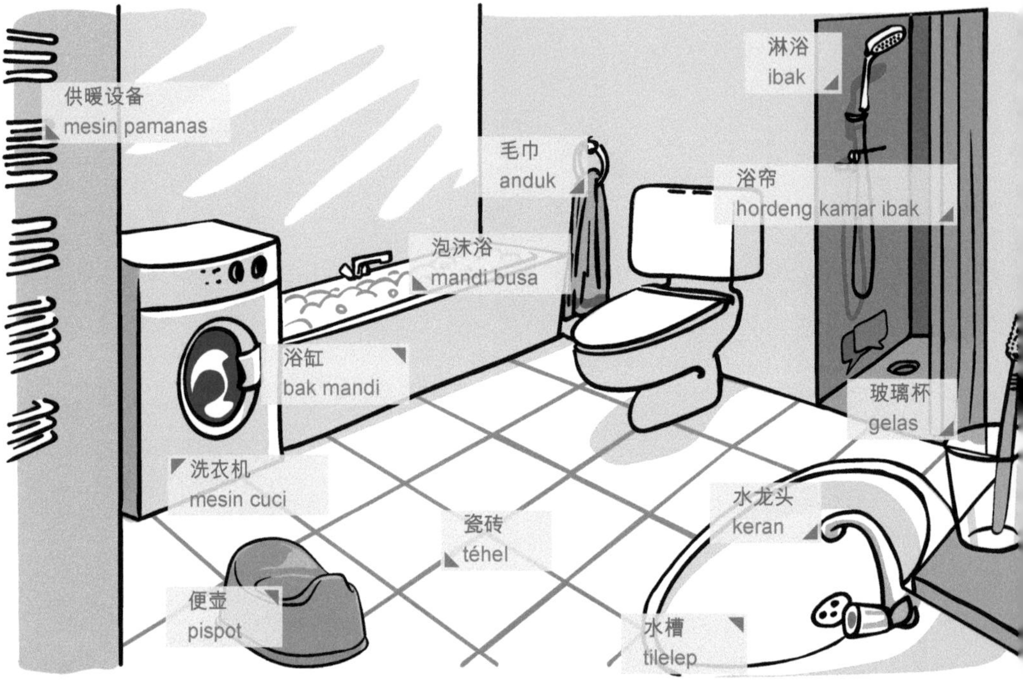

- 供暖设备 / mesin pamanas
- 毛巾 / anduk
- 淋浴 / ibak
- 浴帘 / hordeng kamar ibak
- 泡沫浴 / mandi busa
- 浴缸 / bak mandi
- 洗衣机 / mesin cuci
- 玻璃杯 / gelas
- 瓷砖 / téhel
- 水龙头 / keran
- 便壶 / pispot
- 水槽 / tilelep

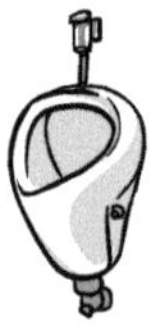

厕所	蹲便器	坐浴器
jamban	cubluk	bidét

小便池	厕纸	马桶刷
urinal	kertas jamban	sikat jamban

浴室 - kamar ibak

牙刷
sikat huntu

牙膏
odol

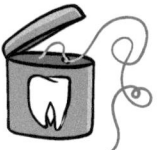

牙线
benang gigi

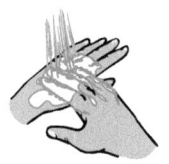

洗
nyeuseuh

手持式喷淋头
kokocoran leungeun

冲洗器
kukucuran

洗脸盆
bak

擦背刷
panyikat tonggong

肥皂
sabun

沐浴露
gel ibak

洗发水
sampo

法兰绒
planél

排水
nguras

乳霜
krim

除臭剂
déodoran

浴室 - kamar ibak

镜子
eunteung

手镜
eunteung leungeun

剃须刀
péso cukur

剃须泡沫
busa cukur

须后水
krim cukur

梳子
sisir

刷子
sikat

吹风机
alat panggaring rambut

喷发定型剂
semprotan rambut

化妆品
pangrias beungeut

唇膏
lipstik

指甲油
cét kuku

化妆棉
kapas

指甲剪
gunting kuku

香水
minyak seungit

浴室 - kamar ibak

洗漱包

kantong seuseuh

凳子

bangku

计重秤

timbangan

浴袍

baju mandi

橡胶手套

sarung tangan karét

卫生棉条

sampon

卫生巾

handuk pembalut

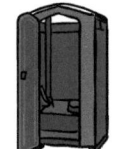

化学厕所

jamban kimia

浴室 - kamar ibak

儿童房

kamar budak

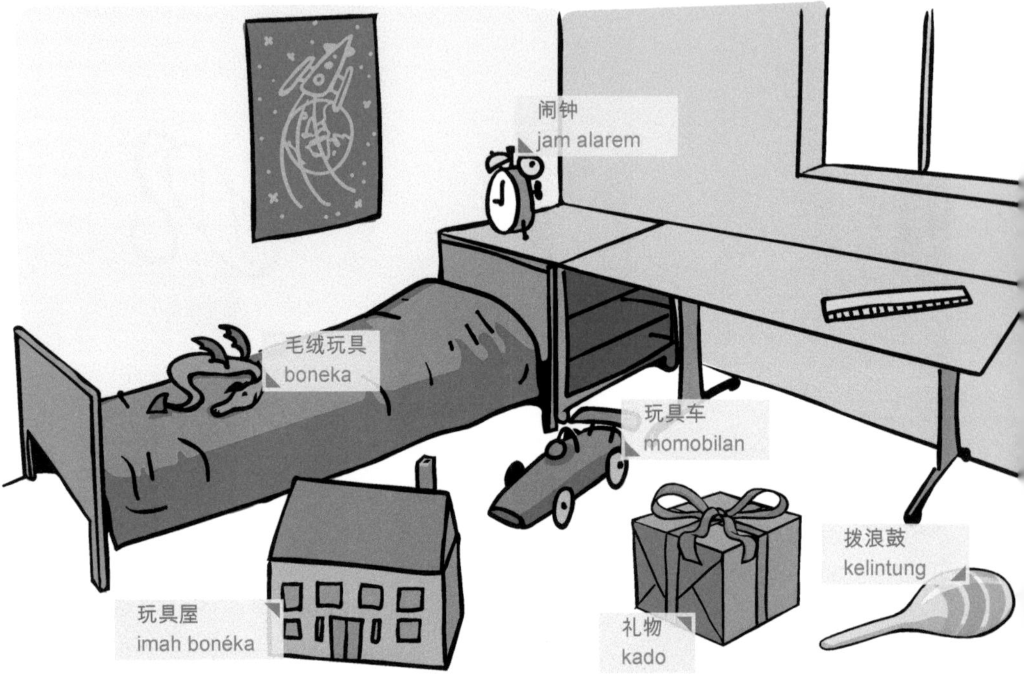

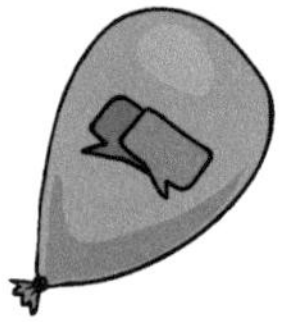

闹钟
jam alarem
毛绒玩具
boneka
玩具车
momobilan
拨浪鼓
kelintung
玩具屋
imah bonéka
礼物
kado

气球

balon

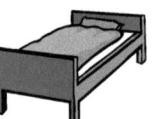

床

ranjang

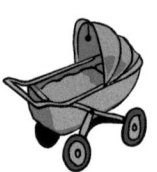

（洋娃娃用）婴儿车

karéta orok

扑克牌

kartu

拼图

tatarucingan

SUPER MEGA

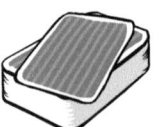

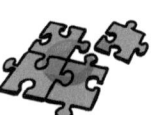

漫画

komik

乐高积木
kaulinan lego

积木玩具
kaulinan bentuk blok

玩具人
figur tokoh

婴儿服
baju budak

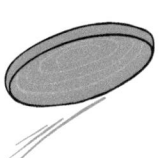

飞盘
frisbee

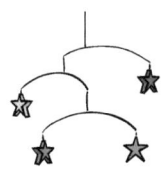

床铃玩具
mobile

棋盘游戏
papan gim

骰子
dadu

火车模型
set model kareta api

安抚奶嘴
endot

聚会
pihak

绘本
buku gambar

球
bal

洋娃娃
bonéka

玩
ulin

儿童房 - kamar budak

沙坑
wadah pasir maénan

秋千
ayunan

玩具
kaulinan

游戏机
video gim konsol

三轮车
sapedah roda tilu

泰迪熊
bonéka beruang

衣柜
lomari baju

衣服
acuk

袜子
kaos kaki

长袜
kaos kaki

紧身裤
baju ketat

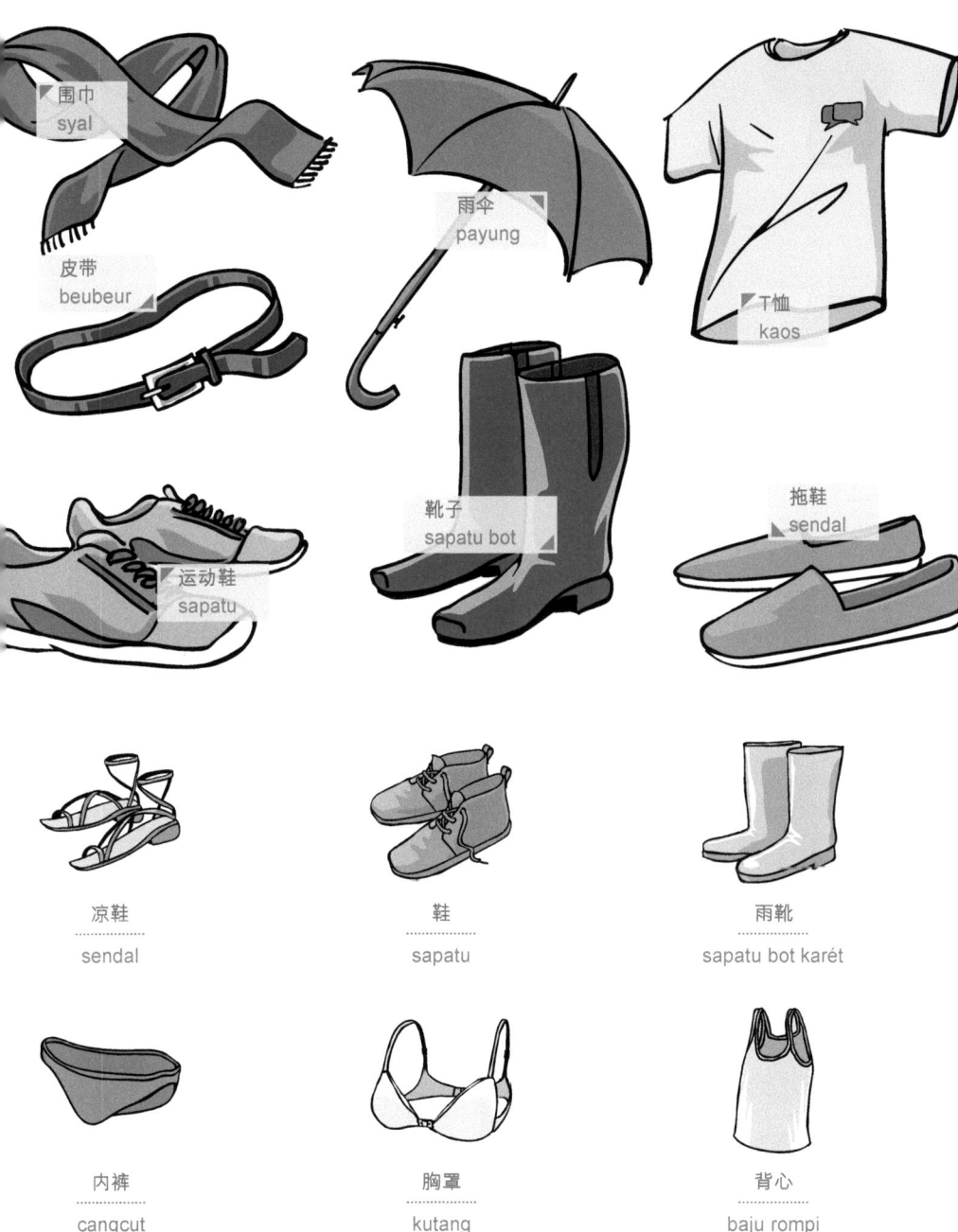

身体
awak

裤子
calana

牛仔裤
jins

短裙
rok

女式衬衫
blus

衬衫
kaméja

套头衫
jakét tiung

卫衣
baju haneut

西装夹克
jakét

夹克
jakét

外套
jakét

雨衣
jas hujan

套装
kostum

连衣裙
gaun

婚纱
gaun pangantén

衣服 - acuk

西装
baju resmi

睡袍
baju saré

睡衣
piyama

莎丽
sari

头巾
tiung

包头巾
turban

波卡
burka

卡夫坦
kaftan

(阿拉伯式)长袍
abaya

泳衣
baju renang

男式泳裤
calana renang

短裤
calana péndék

运动服
orang raga

围裙
celemék

手套
sarung tangan

衣服 - acuk　　47

纽扣
kancing

眼镜
kaca soca

手链
gelang

项链
kongkorong

戒指
ali

耳环
giwang

便帽
topi

衣架
gantungan jakét

帽子
topi

领带
dasi

拉链
risléting

头盔
hélem

背带
tali salémpang

校服
saragam sakola

制服
saragam

衣服 - acuk

围兜
apron orok

安抚奶嘴
endot

尿不湿
popok

办公室
kantor

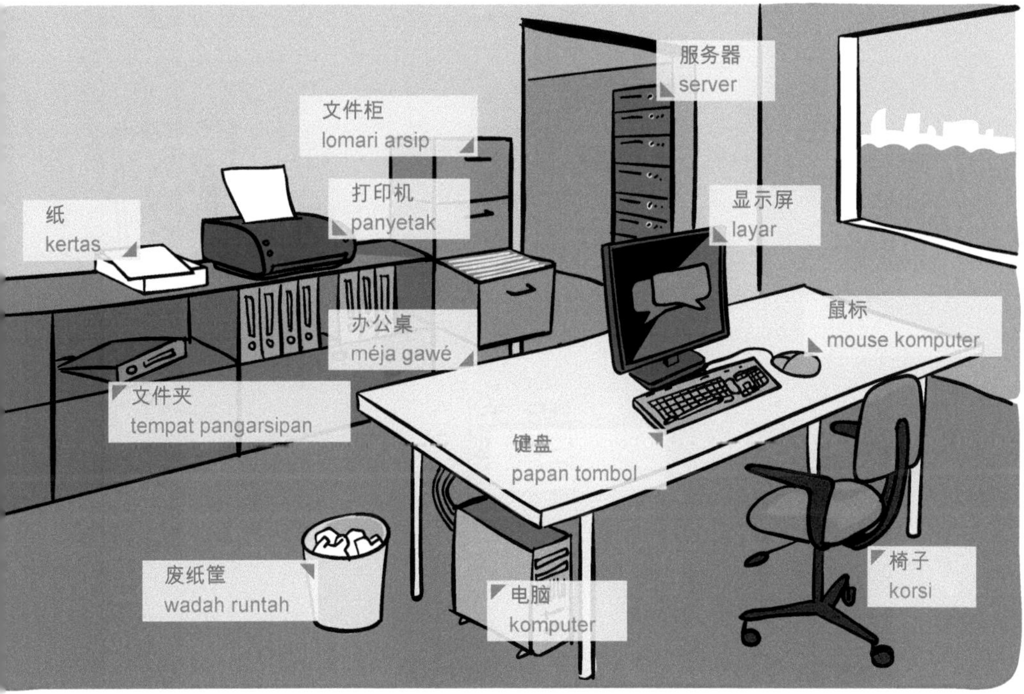

- 服务器 / server
- 文件柜 / lomari arsip
- 打印机 / panyetak
- 显示屏 / layar
- 纸 / kertas
- 办公桌 / méja gawé
- 鼠标 / mouse komputer
- 文件夹 / tempat pangarsipan
- 键盘 / papan tombol
- 废纸筐 / wadah runtah
- 电脑 / komputer
- 椅子 / korsi

咖啡杯
cangkir kopi

计算器
kalkulator

因特网
internét

办公室 - kantor

笔记本电脑
laptop

信件
surat

消息
pesen

手机
telpon séluler

网络
jaringan

复印机
fotokopi

软件
software

电话
telpon

插座
plug sokét

传真机
mesin fax

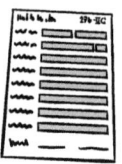
表格
formulir

文件
dokumén

办公室 - kantor

经济
ékonomi

买
mésér

付钱
mayar

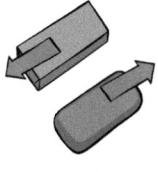
交易
dagang

现金
artos

美元
dollar

欧元
euro

日元
yen

卢布
rubel

瑞士法郎
Franc swiss

人民币
renminbi yuan

卢比
rupiah

提款处
ATM

外币兑换处
kantor pertukaran mata uang

金
emas

银
pérak

石油
minyak

能源
énérgi

价格
harga

合同
kontrak

税金
pajak

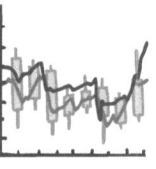

股票
saham

工作
gawé

职员
karyawan

老板
dunungan

工厂
pabril

商店
toko

职业
pagawéan

警官 / petugas pulisi

消防员 / pemadam kebakaran

厨师 / koki

医生 / dokter

飞行员 / pilot

园丁
tukan kebon

木匠
tukang kai

裁缝
tukang jait awéwé

法官
hakim

化学家
ahli kimia

演员
aktor

公交车司机
sopir beus

出租车司机
sopir taksi

渔夫
nalayan

清洁女工
pembantu

屋顶工
tukang hateup

服务员
badega

猎人
tukang muru

画家
pelukis

面包师
tukang roti

电工
tukang listrik

建筑工人
tukang bangun

工程师
insinyur

屠夫
tukang daging

水管工
tukang pipa

邮递员
tukang pos

士兵
tentara

建筑师
arsiték

收银员
kasir

花农
tukang kembang

理发师
tukang salon

售票员
konduktor

机械师
tukang méngkél

船长
kaptén

牙医
dokter gigi

科学家
ilmuwan

拉比
rabbi

伊玛目
imam

和尚
biarawan

牧师
pendéta

职业 - pagawéan

工具
alat

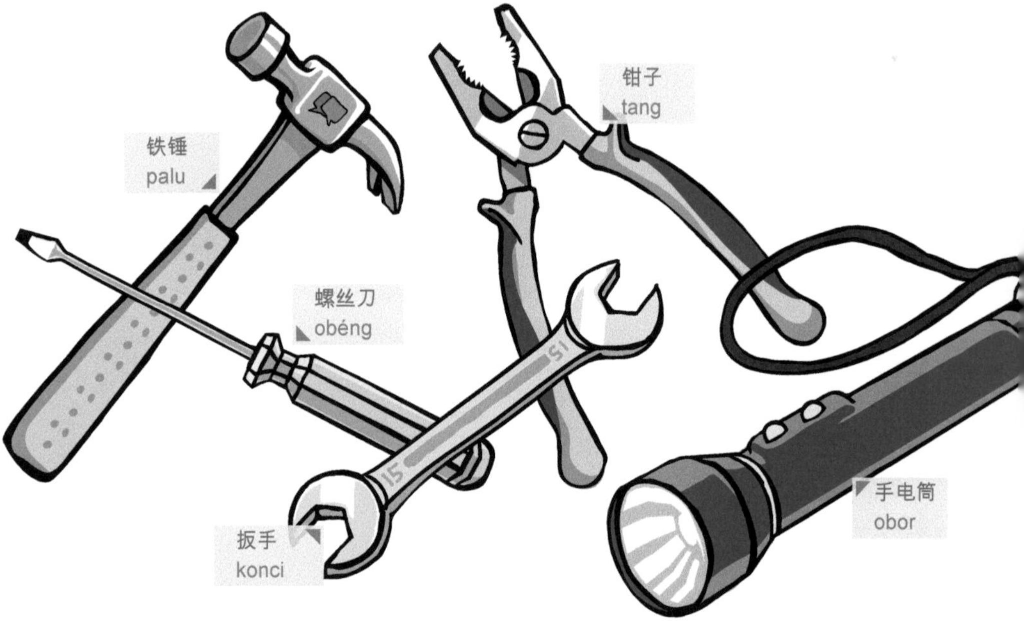

铁锤 / palu

钳子 / tang

螺丝刀 / obéng

扳手 / konci

手电筒 / obor

挖掘机

panggali

工具箱

kantong parkakas

梯子

tangga

锯子

ragaji

钉子

paku

钻机

bor

修
ngabenerkeun

铲子
sekop

靠！
Kéhéd!

簸箕
pengki

油漆桶
pot cét

螺丝
sekrup bor

乐器
alat musik

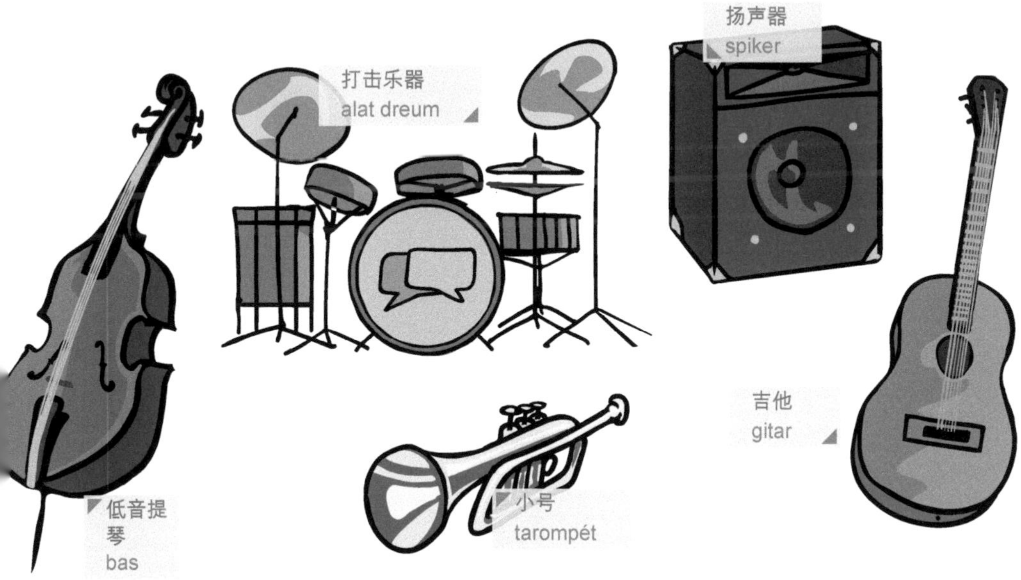

低音提琴
bas

打击乐器
alat dreum

扬声器
spiker

小号
tarompét

吉他
gitar

乐器 - alat musik

钢琴
piano

小提琴
violin

贝斯
bas

定音鼓
tambur

鼓
dreum

电子琴
keyboard

萨克斯管
saksofon

长笛
suling

麦克风
mikrofon

乐器 - alat musik

动物园
kebon binatang

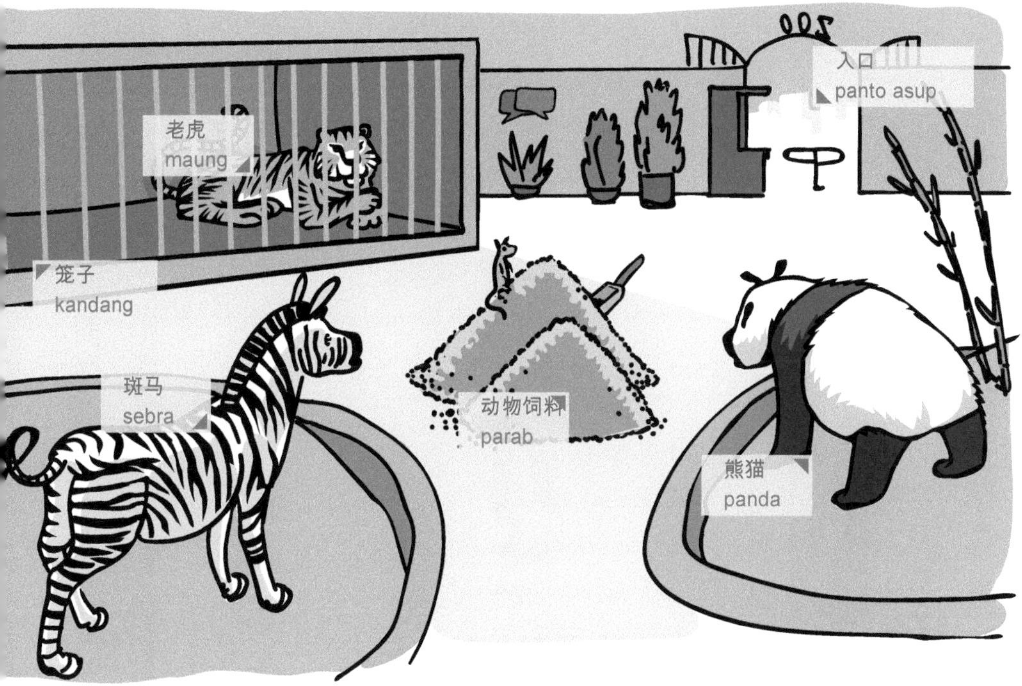

- 老虎 / maung
- 入口 / panto asup
- 笼子 / kandang
- 斑马 / sebra
- 动物饲料 / parab
- 熊猫 / panda

动物
sato

大象
gajah

袋鼠
kanguru

犀牛
badak

大猩猩
gorila

熊
biruang

骆驼
onta

鸵鸟
manuk onta

狮子
singa

猴子
monyét

火烈鸟
flamingo

鹦鹉
manuk béo

北极熊
biruang polar

企鹅
penguin

鲨鱼
hiu

孔雀
merak

蛇
oray

鳄鱼
buaya

动物园管理员
tukang jaga kebon binatang

海豹
anjing laut

美洲豹
jaguar

动物园 - kebon binatang

矮种马
kuda poni

豹
macan tutul

河马
kuda nil

长颈鹿
jerapah

老鹰
heulang

野猪
bagong

鱼
lauk

龟
kuya

海象
anjing laut

狐狸
robah

羚羊
kijang

动物园 - kebon binatang

体育
olahraga

 有 boga	 做 ngalakukeun	 当 nya éta
 站 tatih	 跑 lumpat	 拉 narik
 扔 malédog	 摔倒 ragrag	 躺 saré
 等待 nungguan	 携带 nyandak	 坐 diuk
 穿衣 anggé acuk	 睡觉 saré	 醒来 hudang

活动 - aktivitas

看
ningali

哭
méwék

抚摸
ngusapan

梳头
nyisir

交谈
nyarita

明白
ngarti

问
naros

听
ngadéngé

喝
nginum

吃
dahar

清理
bébérés

爱
bogoh

做饭
masak

开车
nyetir

飞
hiber

活动 - aktivitas

航行
balayar

计算
ngitung

读
maca

学习
diajar

工作
gawé

结婚
kawin

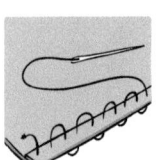

缝
ngajait

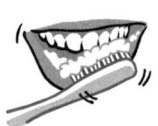

刷牙
sikat huntu

杀
maéhan

抽烟
ngarokok

寄
ngirim

活动 - aktivitas

家
kulawarga

祖母 nini
祖父 aki
父亲 bapak
母亲 emak
婴童 orok
女儿 budak awéwé
儿子 budak lalaki

客人
tamu

阿姨
bibi

叔叔
emang

兄弟
aa

姐妹
tétéh

身体
awak

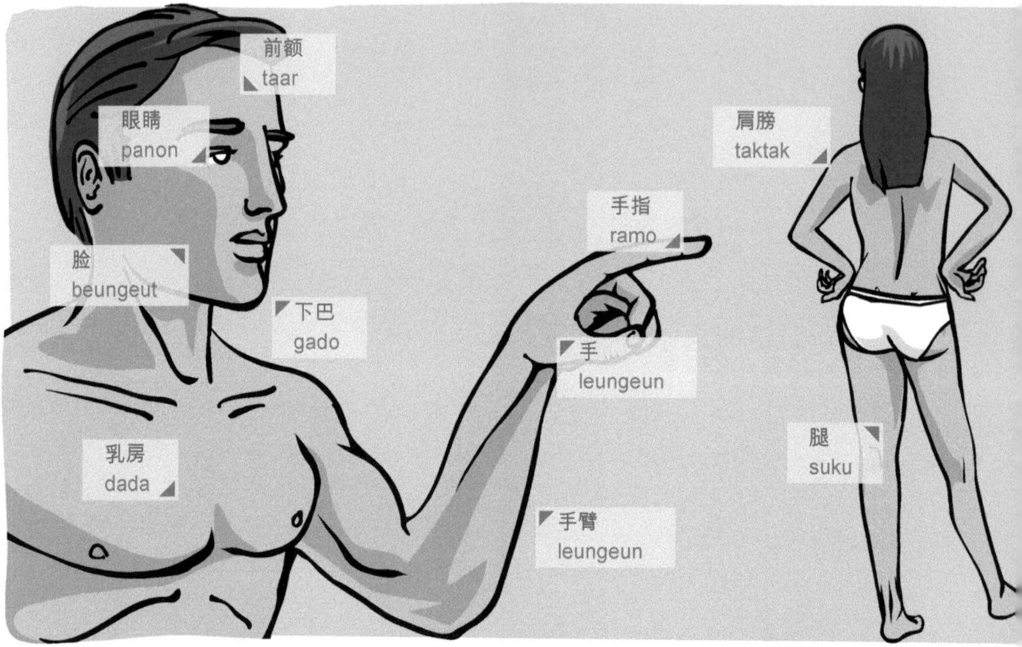

前额　taar
眼睛　panon
脸　beungeut
下巴　gado
乳房　dada
肩膀　taktak
手指　ramo
手　leungeun
手臂　leungeun
腿　suku

婴童
orok

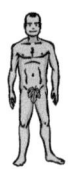
男人
lalaki

女人
awéwé

女孩
awéwé

男孩
lalaki

头
sirah

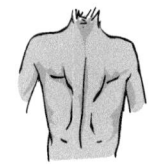
背部
tonggong

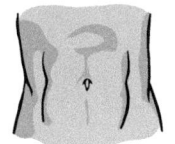
肚子
beuteung

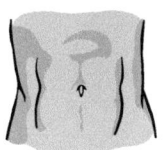
肚脐
bujal

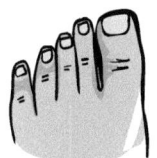
脚趾
jempol

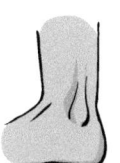
脚后跟
keuneung

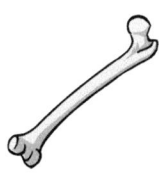
骨头
tulang

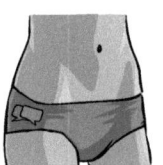
臀部
cangkéng

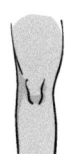
膝盖
tuur

手肘
sikut

鼻子
irung

屁股
bujur

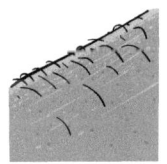
皮肤
kulit

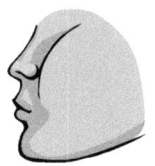
脸颊
pipi

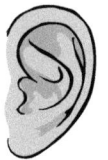
耳朵
ceuli

嘴唇
biwir

身体 - awak

嘴
baham

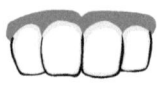
牙齿
huntu

舌头
létah

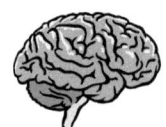
脑
uteuk

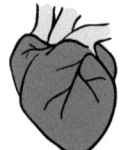
心脏
haté

肌肉
otot

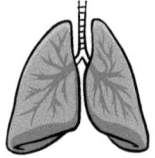
肺
bayah

肝脏
ati

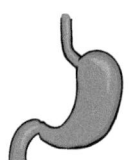
胃
lambung

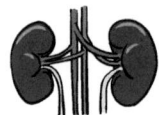
肾脏
ginjal

性交
sapatemon

避孕套
kondom

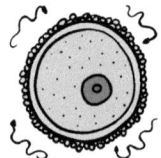
卵子
sél telur

精子
spérma

怀孕
kakandungan

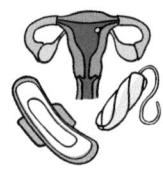

月经
haid

阴道
heunceut

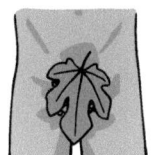

阴茎
sirit

眉毛
halis

头发
buuk

脖子
beuheung

身体 - awak

医院
rumah sakit

医院 / rumah sakit
救护车 / ambulan
轮椅 / korsi roda
骨折 / pateuh

医生
dokter

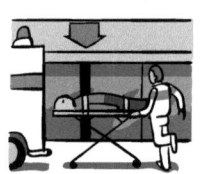

急诊室
rohang darurat

护士
parawat

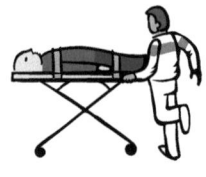

紧急情况
darurat

昏迷
pingsan

痛
nyeri

受伤
tatu

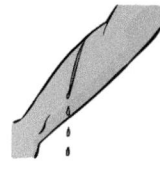
出血
ngaluarkeun getih

心脏病发作
jantungan

中风
strok

过敏
alérgi

咳嗽
batuk

发烧
muriang

流感
salésma

腹泻
birit

头痛
rieut

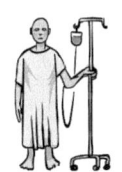
癌症
kanker

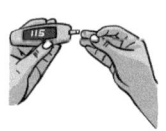
糖尿病
diabétés

外科医生
ahli bedah

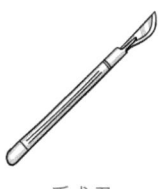
手术刀
péso bedah

手术
operasi

医院 - rumah sakit

 CT CT	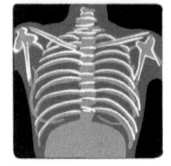 X光 sinar x	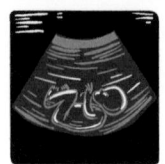 超声波 usg
 口罩 topéng	 疾病 panyakit	 候诊室 rohang tunggu
 拐杖 pangrojong	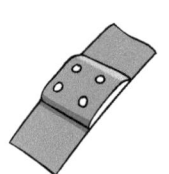 石膏 paléstér	 绷带 perban
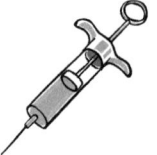 注射 injéksi	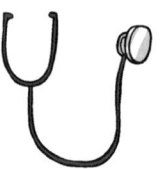 听诊器 stétoskop	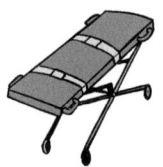 担架 tandu
 体温计 termométer klinis	 出生 kalahiran	 超重 obésitas

医院 - rumah sakit

助听器
alat bantu dédéngéan

消毒液
désinféktan

感染
inféksi

病毒
virus

艾滋病
HIV / AIDS

药物
obat

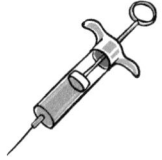
接种疫苗
vaksinasi

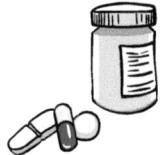
药片
tablét

药丸
pil

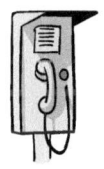
急救电话
panggilan darurat

血压计
ngukur ténsi

生病/健康
gering / séhat

紧急情况
darurat

救命！
Tulung!

警报
alarem

突击
gangguan

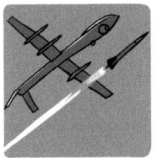

攻击
narajang

危险
bahaya

紧急出口
panto darurat

着火啦！
Seuneu!

灭火器
alat pemadam kabakaran

意外
kacilakaan

急救箱
kotak P3K

呼救信号
SOS

警察
pulisi

地球
Bumi

欧洲
Eropa

北美洲
Amérika Utara

南美洲
Amérika Selatan

非洲
Afrika

亚洲
Asia

澳洲
Australi

大西洋
Atlantik

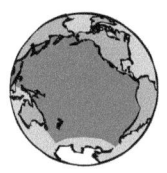

太平洋
Pasifik

印度洋
Samudra Hindia

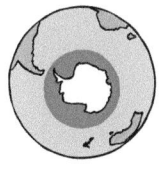

南冰洋
Samudra Antartika

北冰洋
Samudra Arktik

北极
Kutub Utara

南极
Kutub Selatan

南极洲
Antartika

地球
Bumi

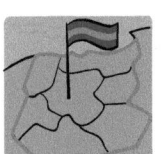
陆地
tanah

海
laut

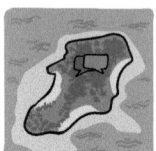
岛
pulau

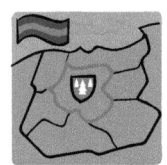
国家
bangsa

国家
nagara

钟表
jam

钟面
jam wajah

时针
jarum péndék

分针
jarum menit

秒针
jarum detik

现在几点？
Tabuh sabaraha?

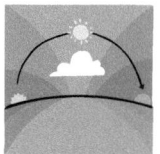

天
poé

时间
waktos

现在
ayeuna

电子表
jam digital

分
menit

时
jam

钟表 - jam

周
minggu

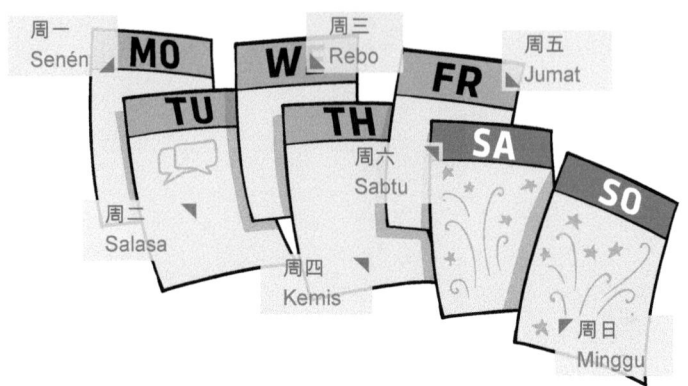

昨天
kamari

今天
dinten ayeuna

明天
énjing

早晨
énjing-énjing / isuk-isuk

中午
siang

晚上
peuting

工作日
poé gawé

周末
akhir minggu

年

taun

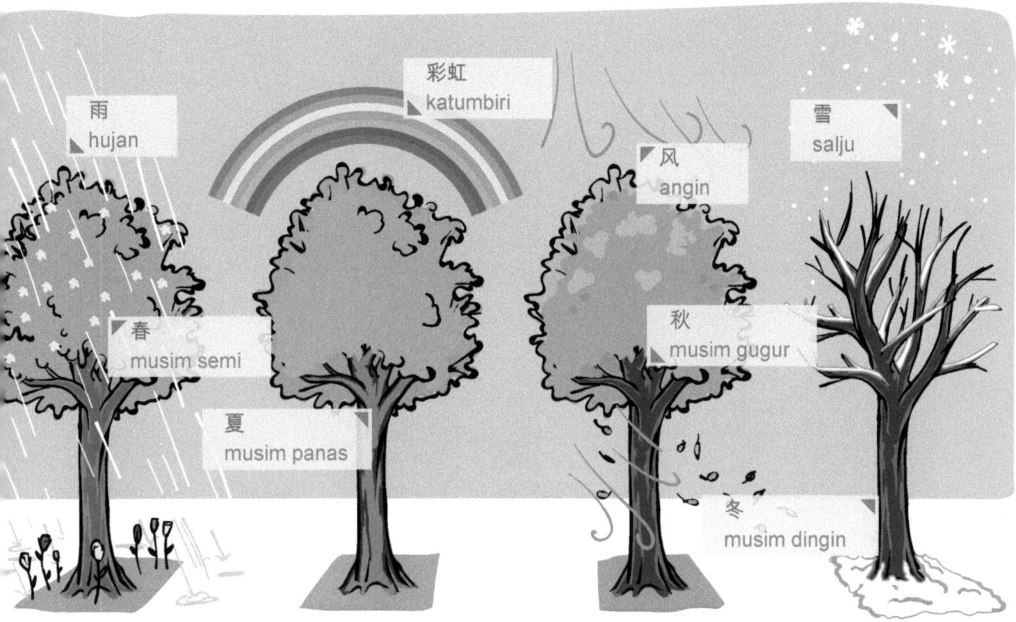

雨
hujan
彩虹
katumbiri
风
angin
雪
salju
春
musim semi
夏
musim panas
秋
musim gugur
冬
musim dingin

4.APRIL 11°
5.APRIL 4°
6.APRIL 13°
7.APRIL 8°
8.APRIL 10°

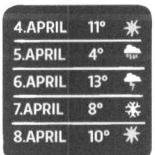

天气预报

ramalan cuaca

F
C
120
90
60
30
0
-30
40
30
20
10
0
-10
-20

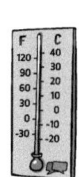

温度计

térmométer

阳光

panon poé

云

awan

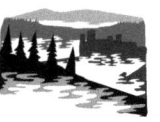

雾

pepedut

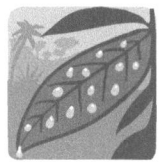

潮湿

kelembaban

闪电
gelap

打雷
guntur

风暴
badai

冰雹
hujan és

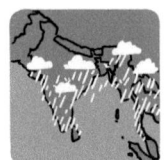
季风
angin muson

洪水
caah

冰
és

一月
Januari

二月
Pébruari

三月
Maret

四月
April

五月
Mei

六月
Juni

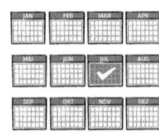
七月
Juli

八月
Agustus

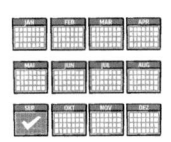
九月
Séptémber

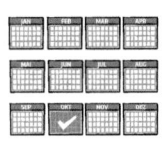
十月
Oktober

十一月
Nopémber

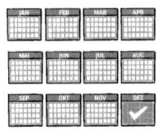
十二月
Désémber

形状
bentuk

圆形
buleudan

正方形
persegi

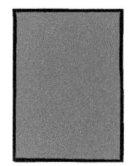
长方形
persegi panjang

三角形
segi tiga

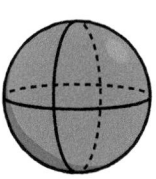
球体
bola

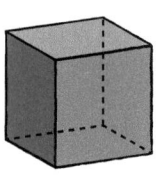
立方体
kubus

颜色
warna-warna

白
bodas

黄
konéng

橙
oranyeu

粉
kayas

红
beureum

紫
bungur

蓝
bulao

绿
héjo

棕
coklat

灰
abu-abu

黑
hideung

反义词
sabalikna

很多/少许
loba / saeutik

生气/平静
ambek / kalem

美/丑
geulis / goreng

首/尾
ngamimitian / réngsé

大/小
gedé / leutik

明/暗
caang / poék

兄弟/姐妹
dulur lalaki / dulur awéwé

干净/肮脏
bersih / kotor

完整/缺失
lengkep / teu lengkep

白天/晚上
poé / peuting

死/生
paéh / hirup

宽/窄
lega / heureut

可食用/非食用

bisa didahar / teu bisa didahar

邪恶/善良

jahat / bageur

兴奋/无聊

sumanget / bosen

胖/瘦

badag / begang

第一/最后

kahiji / terakhir

朋友/敌人

baturan / musuh

满/空

pinuh / kosong

硬/软

heuras / lemes

重/轻

beurat / hampang

饿/渴

kalaparan / haus

生病/健康

gering / séhat

非法/合法

ilegal / legal

聪明/愚笨

calakan / bodo

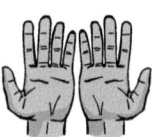

左/右

kénca / katuhu

近/远

deukeut / jauh

反义词 - sabalikna

新/旧
anyar / urut

没有/有些
euweuh nanaon / aya nanaon

老/幼
kolot / ngora

开/关
hurung / pareum

打开/合上
buka / tutup

安静/吵闹
jempé / gandéng

富/穷
beunghar / sangsara

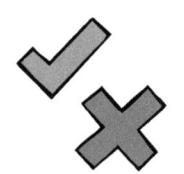
对/错
bener / salah

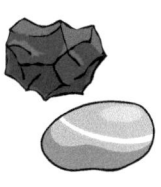
粗糙/光滑
kasar / lemes

伤心/高兴
sedih / gumbira

短/长
pendék / panjang

慢/快
alon / gancang

湿/干
baseuh / garing

温暖/凉爽
haneut / tiis

战争/和平
perang / damai

反义词 - sabalikna

数字
angka-angka

0 零 nol	1 一 hiji	2 二 dua
3 三 tilu	4 四 opat	5 五 lima
6 六 genep	7 七 tujuh	8 八 dalapan
9 九 salapan	10 十 sapuluh	11 十一 sawelas

12 十二 duawelas

13 十三 tiluwelah

14 十四 opatwelas

15 十五 limawelas

16 十六 genepwelas

17 十七 tujuhwelas

18 十八 dalapanwelas

19 十九 salapanwelas

20 二十 duapuluh

100 百 saratus

1.000 千 sarébu

1.000.000 百万 sajuta

语言
basa-basa

英语
Inggris

美式英语
basa Inggris Amerika

普通话
basa Cina Mandarin

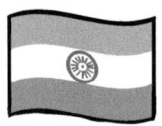

印地语
basa Hindi

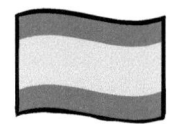

西班牙语
basa Spanyol

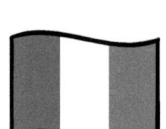

法语
basa Perancis

阿拉伯语
basa Arab

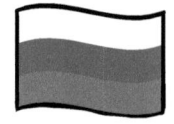

俄语
basa Rusia

葡萄牙语
basa Portugis

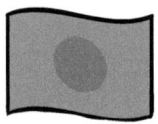

孟加拉语
basa Bengal

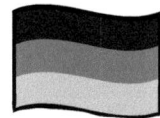

德语
basa Jerman

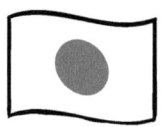

日语
basa Jepang

谁/什么/怎样
saha / naon / kumaha

我
urang

你
manéh

他/她/它
anjeunna / manéhna

我们
arurang

你们
maranéh

他们
aranjeunna / maranéhna

谁？
saha?

什么？
naon?

怎样？
kumaha?

哪里？
di mana?

什么时候？
iraha?

名字
wasta / ngaran

方位
di mana

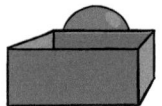

后面
di tukang

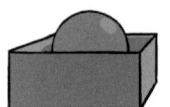

里面
di

前面
di hareup

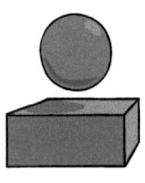

上方
di luhureun

上面
di luhur

下面
di handapeun

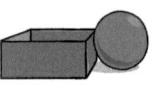

旁边
di gigir

中间
antawis

地点
tempat